LE

DROIT CRIMINEL

RÉSUMÉ EN

TABLEAUX SYNOPTIQUES

PAR A. WILHELM

RÉPÉTITEUR DE DROIT

MATIÈRES DE L'EXAMEN DE PREMIÈRE ANNÉE

PARIS

CHALLAMEL AÎNÉ, Libraire-Éditeur

5, RUE JACOB, 5

COTILLON et Cie   MARESCQ aîné
Libraires du Conseil d'État   Librairie de Jurisprudence
24, RUE SOUFFLOT, 24   20, RUE SOUFFLOT, 20

Et chez tous les Libraires de Droit

1879

LE

DROIT CRIMINEL

RÉSUMÉ EN

TABLEAUX SYNOPTIQUES

PAR A. WILHELM

RÉPÉTITEUR DE DROIT

———

MATIÈRES DE L'EXAMEN DE PREMIÈRE ANNÉE

———

PARIS

CHALLAMEL AINÉ, Libraire-Éditeur

5, RUE JACOB, 5

COTILLON et Cⁱᵉ
Libraires du Conseil d'Etat
24, RUE SOUFFLOT, 24

MARESCQ aîné
Librairie de Jurisprudence
20, RUE SOUFFLOT, 20

Et chez tous les Libraires de Droit

1879

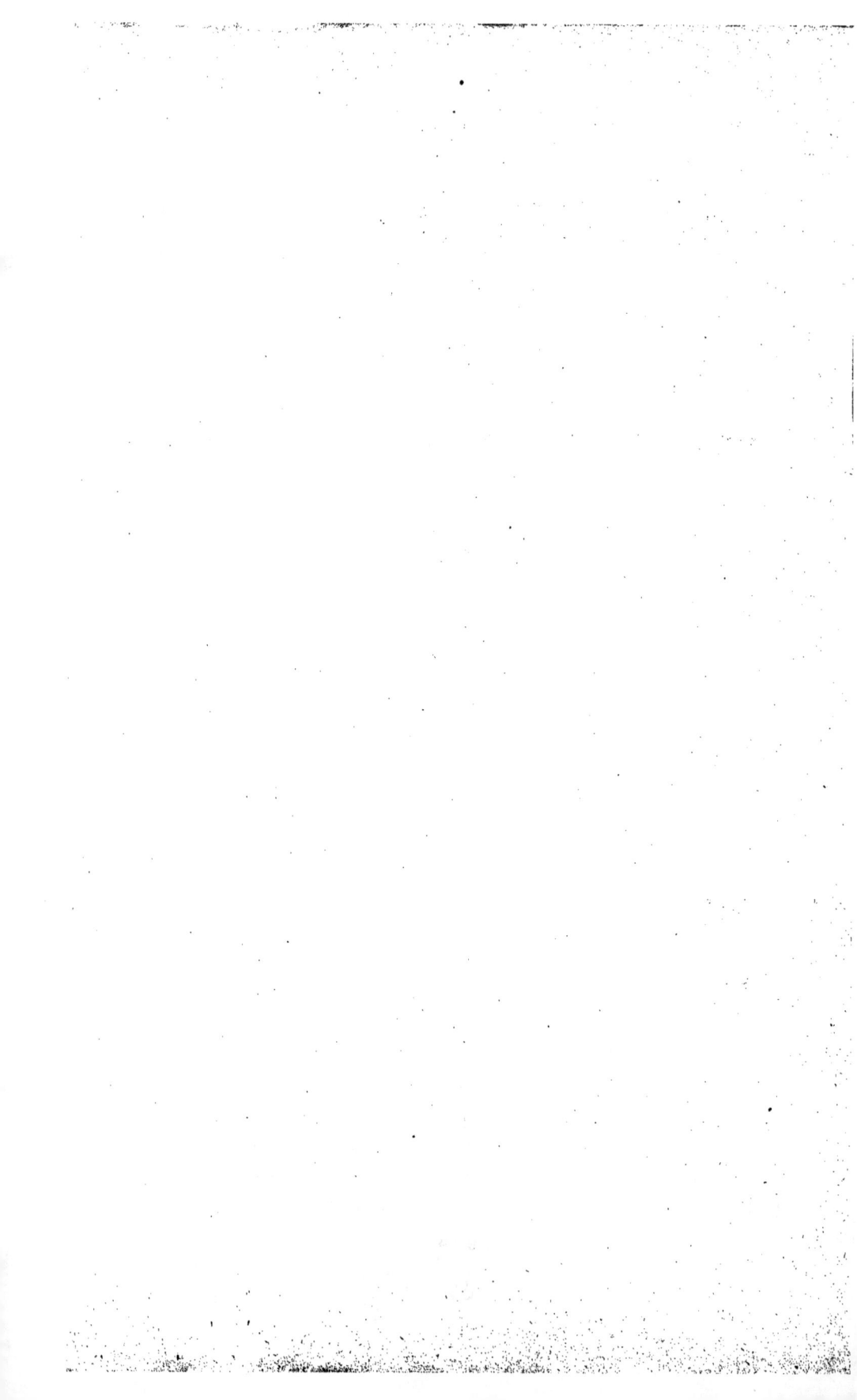

AVERTISSEMENT

On trouvera ci-après, résumées sous forme de tableaux synoptiques, les notions élémentaires de droit criminel que comporte, d'après le Décret du 26 mars 1877, le programme du premier examen de baccalauréat en droit.

Toutefois, comme ce programme laisse entièrement de côté la partie purement pratique du Code pénal, c'est-à-dire tous les articles de pénalité, j'ai cru devoir y joindre, à titre de renseignement, une table présentant, sous la forme alphabétique, la nomenclature des crimes et délits.

On devra se souvenir, dans l'interprétation de ces textes, qu'en matière pénale tout est de droit étroit, que les incriminations ne se peuvent étendre par des arguments d'analogie, et qu'en un mot, tout ce qui n'est pas défendu est permis.

A. WILHELM,

RÉPÉTITEUR DE DROIT.

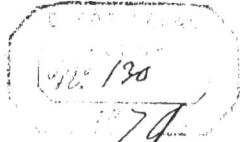

PREMIÈRE PARTIE

CODE

D'INSTRUCTION CRIMINELLE

PROGRAMME

Organisation et Compétence des Tribunaux de répression.

1° JURIDICTIONS D'INSTRUCTION.

Juge d'instruction
- juge désigné pour 3 ans parmi les membres du tribunal de 1re instance ;
- chargé d'informer contre tout inculpé et de le renvoyer, s'il y a lieu, devant la juridiction compétente.

Chambre des mises en accusation
- chambre de la Cour d'appel, composée de 5 membres ;
- chargée de statuer sur l'opportunité de renvoyer l'inculpé devant la cour d'assises ;
- pouvant, si elle le juge convenable, le renvoyer devant une autre juridiction.

2° JURIDICTIONS DE JUGEMENT.

Tribunaux de simple police

organisation (1)
- 1 juge (juge de paix) amovible ;
- 1 commissaire de police faisant fonctions d'organe du ministère public ;
- 1 greffier chargé des écritures et faisant partie intégrante du tribunal ;
- huissiers exerçant près la Justice de paix ;

compétence — répression des contraventions (infractions n'entraînant pas une peine supérieure à 15 francs d'amende et 5 jours de prison).

Tribunaux correctionnels

organisation
- 3 juges au moins du tribunal d'arrondissement composant la chambre dite correctionnelle ;
- 1 procureur de la République et des substituts organes du ministère public ;
- 1 greffier chargé des écritures.

compétence
- appel des jugements de simple police (2) ;
- délits (infractions entraînant une amende de 16 fr. au moins ou un emprisonnement de plus de 5 jours).

Cours d'assises (3)

organisation
- 1 président choisi parmi les conseillers de la cour d'appel ;
- 2 assesseurs pris parmi les conseillers de la cour ou les membres du tribunal de 1re instance ;
- 1 magistrat du ministère public (procureur général, avocat général ou procureur de la République, suivant le cas) ;
- 1 greffier provenant de la cour ou du tribunal, suivant les cas.

compétence. — Plénitude de juridiction. — Bien qu'en principe la cour d'assises ne soit saisie que de la connaissance des crimes, la dégénérescence des faits peut l'amener à statuer sur un simple délit.

Cour de cassation

organisation. — Chambre criminelle composée d'un président et de 15 membres.

compétence
- examen des pourvois des condamnés au point de vue de l'application de la loi pénale et de l'observation des formes ;
- examen des pourvois formés par les organes du ministère public.

Juridictions d'exception
- conseils de guerre militaires (Loi du 9 juin 1857) compétents pour juger les individus appartenant à l'armée de terre et connaissant des crimes et délits commis sur un territoire en état de siége (4) ;
- conseils de guerre maritimes (Loi du 4 juin 1858) ; même compétence spéciale à l'armée de mer ;
- tribunaux maritimes (Loi du 4 juin 1858), juridiction mixte composée d'officiers et de magistrats et connaissant des actes de piraterie ou des faits relatifs à la police et à la sûreté des ports, arsenaux et établissements de la marine, quelle que soit la qualité des inculpés ;
- tribunaux maritimes commerciaux (Décret-loi du 24 janvier 1852) chargés de la répression des délits commis par les marins du commerce.

---

(1) La loi du 27 janvier 1873 a retiré aux maires et adjoints les fonctions de juges de simple police qui leur étaient attribuées par les art. 138, 139, 140 et 144 du Code d'instruction criminelle.

(2) Cet appel est recevable contre tout jugement prononçant l'emprisonnement ou des amendes, restitutions et réparations civiles excédant 5 francs.

(3) La cour d'assises est une juridiction essentiellement éphémère, dont la composition varie à chaque session : elle siége au chef-lieu de chaque département tous les trois mois et plus souvent s'il est besoin.

(4) Voir la compétence spéciale des conseils de guerre en ce qui touche les hommes de la réserve et de l'armée territoriale. — *Lois militaires résumées en tableaux synoptiques*, par A. Wilhelm.

Dispositions préliminaires (Art. 1-7).

L'action publique

n'appartient qu'aux fonctionnaires auxquels elle est confiée par la loi (ministère public, agents des eaux et forêts) ;

est subordonné dans certains cas à la plainte de la partie lésée (diffamation, adultère, rapt suivi de mariage, etc.) ;

s'éteint
- par la mort du prévenu ;
- par la prescription (voir page 16) ;
- par l'amnistie qui fait disparaître l'infraction et ses conséquences ;

n'est pas éteinte par ce fait que le ministère public abandonne la prévention ;

est suspendue
- par la folie du prévenu ;
- dans certains cas, par l'exercice des actions préjudicielles (questions d'état, nullité de mariage, etc.) ;

n'est ni arrêtée ni suspendue par la renonciation à l'action civile ni par la transaction (1).

L'action civile

appartient à toute personne lésée par l'infraction ;

est exercée soit contre le prévenu, soit contre ses représentants ;

s'éteint
- par la même prescription que l'action publique (2) ;
- par la renonciation ou le désistement de la partie civile ;

est exercée
- soit isolément devant la juridiction civile ;
- soit collectivement devant la juridiction répressive ; ·

est suspendue en principe jusqu'à solution de l'action publique (*le criminel tient le civil en état*) (3).

Peuvent être poursuivis devant les tribunaux français (Loi du 27 juin 1866)

les Français — auteurs
- de crimes, délits ou contraventions commis en France,
- de crimes commis hors du territoire français,
- de délits commis hors du territoire français, si le fait est puni par la législation du pays (4) ;

à moins qu'ils n'aient été jugés définitivement à l'étranger (5) ;

les étrangers — auteurs
- de tous crimes, délits ou contraventions commis en France,
- hors du territoire français, d'attentats à la sûreté de l'État, de contrefaçon de sceaux, monnaies ou billets de banque ;

sans qu'ils puissent exciper d'un jugement rendu contre eux à l'étranger.

Nota : En principe, nulle infraction commise hors du territoire français n'est poursuivie par contumace ni par défaut ; il n'est fait d'exception à cette règle que contre les Français auteurs d'attentats à la sûreté de l'État, de fausse monnaie, etc. (Art. 7.)

Avant la loi du 27 juin 1866, le Français auteur d'un crime n'était poursuivi que si la victime était un Français et portait plainte : le délit échappait à toute répression.

Le Français ou l'étranger peuvent être extradés, c'est-à-dire livrés au gouvernement français en vertu des clauses de traités internationaux et suivant une procédure spécialement réglée.

(1) Toutefois, certaines administrations (forêts, douanes, contributions indirectes, postes, etc.) tiennent de la loi un pouvoir spécial de transaction dont l'exercice a pour effet d'éteindre l'action publique.

(2) La loi n'a pas voulu qu'on puisse faire judiciairement la preuve d'un crime ou d'un délit que la répression ne saurait plus atteindre. Il s'ensuit que, si l'action publique a été exercée et qu'elle ait abouti à la constatation du délit, l'action civile reprend sa durée normale et peut être exercée pendant 30 ans.

(3) Le civil tient le criminel en état dans les questions d'état, de faux, etc.

(4) Toutefois, la poursuite du délit ne peut avoir lieu que par le ministère public et sur plainte de la partie lésée, ou sur dénonciation diplomatique.

(5) Ce principe n'est pas réciproque, en ce sens que le Français ne pourrait s'abriter à l'étranger derrière le jugement prononcé contre lui en France. — La juridiction territoriale prime la juridiction nationale.

Police judiciaire et instruction (Art. 8-136).

(Loi du 17 juillet 1856.)

La police judiciaire
- recherche les crimes, délits et contraventions ;
- rassemble les preuves de l'infraction ;
- livre les inculpés aux tribunaux de répression.

Officiers de police judiciaire (1)
- en matière de contraventions et de délits ruraux et forestiers,
  - les gardes-champêtres,
  - les gardes-forestiers ;
- en matière de contraventions de police,
  - les maires et adjoints,
  - les commissaires de police ;
- en matière criminelle et correctionnelle,
  - le procureur de la République,
  - ses auxiliaires
    - les juges de paix,
    - les officiers de gendarmerie,
    - les commissaires de police ;
    - les maires et adjoints ;
  - le juge d'instruction.

Le procureur de la République
- reçoit les plaintes et les transmet au juge d'instruction ;
- a droit de requérir la force publique ;
- est chargé de la recherche et de la poursuite des crimes et délits ;
- peut faire seul tous actes d'instruction en cas de flagrant délit (2) ;
- a le droit d'agir, dans ce cas, par préférence à ses auxiliaires, tout en conservant le pouvoir de les charger de certains actes ;
- hors le cas de flagrant délit, ne peut que requérir du juge d'instruction un ordre d'informer.

Les auxiliaires du procureur de la République
- en cas de flagrant délit,
  - peuvent, en l'absence du ministère public, faire tous actes d'instruction ;
  - ne peuvent, en sa présence, faire que les actes qu'il les charge d'accomplir ;
- hors le cas de flagrant délit, n'ont d'autre mission que de transmettre au ministère public les dénonciations et plaintes qu'ils reçoivent.

Le juge d'instruction
- possède, en cas de flagrant délit, les mêmes pouvoirs que le procureur de la République ;
- hors le cas de flagrant délit, doit agir de concert avec le ministère public et lui communiquer tous actes autres que les mandats d'amener ou de dépôt ;
- est chargé de l'information (audition des plaignants et témoins, expertises, preuves diverses) ;
- émet, suivant les cas, des mandats de comparution, de dépôt, d'amener, d'arrêt ou de perquisition (3) ;
- rend, après l'information, une ordonnance
  - de non-lieu, s'il y a défaut de charges ou absence de criminalité ;
  - de renvoi devant la juridiction compétente (simple police, police correctionnelle ou chambre des mises en accusation), s'il y a charges suffisantes.

---

(1) Il n'est pas ici question des agents chargés de constater certaines contraventions spéciales (agents-voyers, receveurs des contributions indirectes, des postes, etc.).

(2) Il y a flagrant délit, lorsque le délit vient de se commettre ou que le prévenu est poursuivi par la clameur publique, ou qu'il est arrêté nanti de pièces à conviction dans un temps voisin du délit.

(3) Aux termes de la loi du 14 juillet 1865, la liberté provisoire est de droit cinq jours après l'interrogatoire, lorsque le maximum de la peine encourue est inférieur à 2 ans de prison, pourvu que le prévenu soit domicilié et n'ait pas été antérieurement condamné à un emprisonnement de plus d'une année : elle peut être accordée sous caution dans tous les autres cas, excepté celui où l'inculpé est renvoyé devant une cour d'assises. — La caution garantit la représentation de l'inculpé à toutes réquisitions et le paiement des frais de justice et amendes.

Des tribunaux en matière correctionnelle (Art. 179-246).

(Voir, page 6, l'organisation et la compétence de ces juridictions.)

Les tribunaux correctionnels sont saisis

- par le renvoi à eux fait
  - par une ordonnance du juge d'instruction ;
  - par un arrêt de la chambre des mises en accusation ;
- par la citation directe donnée au prévenu
  - par la partie civile (1) ;
  - par les agents forestiers, en cas de délit forestier seulement ;
  - par le ministère public, dans tous les cas ;
- par le délit même s'il est commis à l'audience : la peine encourue est prononcée sur-le-champ contre le prévenu.

Procédure

- citation à 3 jours au moins, plus un jour par 5 myriamètres, à peine de nullité non de la citation elle-même, mais de la condamnation, si elle était prononcée par défaut ;
- comparution personnelle du prévenu
  - elle est obligatoire, dès que le délit entraîne l'emprisonnement ;
  - elle n'est que facultative, si l'amende seule est encourue : dans ce cas, il peut se faire représenter par un avoué ;
- en cas de non-comparution, jugement par défaut ;
- l'opposition
  - est recevable
    - pendant 5 jours à dater de la signification à personne ou domicile ;
    - tant que la peine n'est pas prescrite, s'il n'y a eu ni signification à personne, ni acte d'exécution ;
  - laisse la possibilité de condamner le défaillant aux frais du défaut ;
  - est formée par acte signifié au ministère public et à la partie civile ;
  - emporte de droit citation à la première audience ;
  - si elle est suivie d'un second défaut, rend le premier jugement inattaquable, si ce n'est par la voie de l'appel.

La preuve des délits est faite à l'audience publique

- par procès-verbaux ou rapports
  - faisant preuve jusqu'à inscription de faux, s'ils ont été reçus par des officiers de police auxquels la loi a remis ce pouvoir ;
  - pouvant être combattus par tous moyens de preuve dans le cas contraire ;
- par témoins
  - entendus sous prestation de serment à peine de nullité ;
  - dont le serment et les dépositions sont relatées par le greffier dans des notes visées dans les 3 jours par le président ;
  - parmi lesquels ne doivent figurer ni les ascendants ou descendants du prévenu, ni les frères et sœurs ou alliés en pareil degré, ni son conjoint (2) ;
  - passibles d'une amende et même de contrainte par corps, s'ils ne satisfont pas à la citation.

tribunal

- entend le prévenu, les personnes civilement responsables, la partie civile et les conclusions du ministère public ;
- rend son jugement, séance tenante ou à l'audience suivante ;
- si le fait n'est réputé ni délit ni contravention, renvoie le prévenu et statue sur les dommages-intérêts ;
- si le fait est une contravention, statue en dernier ressort, à moins que le renvoi n'ait été demandé par la partie publique ou la partie civile ;
- si le fait est un délit, applique la peine et prononce sur les dommages-intérêts ;
- si le fait est un crime,
  - renvoie le prévenu devant le juge d'instruction compétent, s'il y a eu citation directe ;
  - se déclare incompétent, s'il a été saisi par l'ordonnance de renvoi d'un juge d'instruction.

) Le droit de citation directe est refusé à la partie civile, si le délit a été commis hors du territoire français. 5, § 4.)

Leur audition n'opère nullité que si le ministère public, la partie civile ou le prévenu s'y sont opposés.

Des tribunaux en matière correctionnelle (Suite).

Le jugement
- condamne aux frais, suivant les cas, le prévenu, les personnes civilement responsables du délit ou la partie civile ;
- énonce les charges relevées contre les parties et les motifs de la sentence ;
- reproduit le texte de la loi appliquée et fait mention de la lecture de ce texte à l'audience, à peine de 50 francs d'amende pour le greffier ;
- est exécuté (1) à la requête du ministère public et de la partie civile (2) ;
- est envoyé en extrait dans les 15 jours au procureur général ;
- est susceptible d'appel devant la cour.

L'appel

peut être interjeté
- par le prévenu et les personnes civilement responsables ;
- par la partie civile, pour ses intérêts civils ;
- par l'administration forestière, lorsqu'elle est partie ;
- par le procureur de la République ;
- par le procureur général ;

est recevable (3)
- de la part du procureur général
  - dans le mois de la signification faite par une des parties ;
  - à défaut de signification, dans les 2 mois de la prononciation ;
- de la part de tout autre
  - dans les 10 jours du jugement s'il est contradictoire ;
  - dans les 10 jours de la signification, outre 1 jour par 5 myriamètres, s'il a été rendu par défaut ;

est formé
- par déclaration au greffe du tribunal correctionnel ;
- par citation directe donnée devant la cour par la partie civile. (Cass., 24 décembre 1857.)

Procédure d'appel
- requête remise au greffe de la cour ou au greffe du tribunal — elle est facultative ;
- transmission de la requête et des pièces dans les 24 heures par le procureur de la République au greffe de la cour ;
- transfèrement du condamné, s'il est en état d'arrestation ;
- jugement à l'audience dans le mois, sur le rapport d'un conseiller ;
- audition des parties et du ministère public ;
- mêmes formes que devant le tribunal correctionnel ;
- l'arrêt rendu par défaut est susceptible d'opposition (mêmes conséquences que devant le tribunal correctionnel).

La cour
- si le fait ne constitue ni délit, ni contravention, renvoie le prévenu et statue sur les dommages-intérêts ;
- si le fait est une contravention, prononce la peine à moins que le renvoi ne soit réclamé ;
- si le fait est un crime, renvoie l'inculpé devant le fonctionnaire compétent, autre que celui qui a rendu le jugement ou fait l'instruction ;
- statue au fond si le jugement est réformé en tout ou en partie ;
- confirme, s'il y a bien jugé, en motivant son arrêt.

L'arrêt peut être attaqué dans les 3 jours devant la cour de cassation. (Voir page 15.)

---

(1) La minute du jugement doit être signée par les juges dans les 24 heures. Le greffier qui délivrerait expédition du jugement avant qu'il ait été signé serait poursuivi comme faussaire.

(2) Toutefois, le recouvrement des amendes et condamnations pécuniaires est poursuivi par les percepteurs et agents du Trésor (Loi du 29 décembre 1873, art. 25) ; les débiteurs sont contraignables par corps. (Loi du 19 décembre 1871.)

(3) Le délai de 10 jours seul est suspensif, et encore n'empêche-t-il jamais, s'il y a eu acquittement, la mise en liberté du prévenu. — L'appel du condamné ou de la partie civile ne peut, s'il ne s'y joint un appel à *minima* du ministère public, aggraver la situation du condamné.

De l'examen, du jugement et de l'exécution (Art. 310-380).

1° DÉBATS.

Procédure :
| comparution de l'accusé libre et sans fers, quoique sous la surveillance de la force publique ;
serment individuel et nominal de chacun des jurés ;
lecture de l'arrêt de renvoi et de l'acte d'accusation ;
lecture de la liste des témoins (elle doit être notifiée à l'accusé au moins 24 heures à l'avance) ;
interrogatoire de l'accusé par le président ;
audition séparée ou collective des témoins (1) ;
confrontations jugées utiles par le président, ou réclamées par la défense ou par le ministère public ;
représentation à l'accusé ou aux témoins des pièces à conviction ;
arrestation, s'il y a lieu, des témoins soupçonnés de faux témoignage (2) ;
plaidoyer de la partie civile, s'il y en a une ;
réquisitoire du ministère public ;
réponse de l'accusé et de son conseil ;
répliques de la partie civile et du ministère public ;
réplique de la défense qui doit toujours avoir en dernier la parole ;
déclaration du président que les débats sont terminés ;
résumé des débats par le président. — Rappel des principales preuves pour ou contre l'accusé (3).

Si l'accusé ou un témoin
| parle une langue ou un idiome différents, il est nommé un interprète qui prête serment ;
est sourd-muet et ne sait écrire, on lui donne pour interprète la personne qui a le plus d'habitude de converser avec lui ;
est sourd-muet et sait écrire, les questions, réponses et dépositions de témoins sont formulées par écrit et lues par le greffier.

S'il y a plusieurs accusés, il se fait un débat particulier pour chacun d'eux, dans l'ordre indiqué par le président.

Les jurés ne peuvent manifester leur opinion au cours des débats ; ils ne doivent communiquer avec personne.

Nota : Les débats et le verdict du jury ne peuvent porter en principe que sur les faits relevés dans l'acte d'accusation ; toutefois, ils peuvent être étendus, en outre, 1° aux circonstances aggravantes qui sont résultées des débats et 2° aux diverses dégénérescences du fait principal. En d'autres termes, la cour, saisie des faits matériels, a le droit d'y donner la qualification légale qu'ils revêtent d'après les débats ; mais cette compétence ne peut être étendue à un fait nouveau qui serait révélé au cours de la procédure orale.

---

(1) La non-comparution d'un témoin peut motiver le renvoi de l'affaire à une autre session : dans ce cas, tous les frais occasionnés par cette absence sont à la charge du témoin défaillant qui peut être contraint par corps.

(2) Dans ce cas, le renvoi de l'affaire à la prochaine session peut être requis par les parties ou ordonné d'office.

(3) Ce résumé, prescrit à peine de nullité et dont la forme, la teneur et l'impartialité sont laissées à la conscience du président, exerce le plus souvent sur les décisions du jury une influence prépondérante : cette influence regrettable suivant les uns, a, suivant d'autres, l'avantage d'éclairer la religion des jurés, en les aidant à faire la part des ardeurs de l'accusation comme des exagérations de la défense.

De l'examen, du jugement et de l'exécution (Suite.)

2° VERDICT.

Position des questions par le Président.

Le président pose pour chaque accusé

une question présentant
- le nom de l'accusé ;
- le crime imputé avec tous ses éléments constitutifs ;
- les énonciations de temps et de lieu de nature à préciser le fait ;
- la mention du mot « coupable » ;

une question pour chacune des circonstances aggravantes relevées dans l'acte d'accusation ;

une question pour chacune de celles qui ont pu résulter des débats ;

une question pour chacun des cas d'excuse légalement invoqués par la défense ou relevés d'office ;

si l'accusé a moins de 16 ans, une question de discernement.

Ces questions doivent toutes être renouvelées pour chaque crime imputé à l'accusé. Toute demande qui manquerait aux règles de spécialité sus-indiquées serait, par ce seul fait, annulable comme complexe. — En cas de contestation sur les questions à poser et, notamment, sur l'âge de l'accusé, la cour prononce par arrêt incident.

Le président

avertit le jury
- que tout vote doit avoir lieu au scrutin secret ;
- qu'il lui appartient de formuler, à la majorité, s'il le juge convenable, une déclaration de circonstances atténuantes ;

remet au chef du jury (1)
- les questions écrites ;
- l'acte d'accusation et les pièces autres que les dépositions écrites des témoins ;

fait retirer l'accusé de l'auditoire ;

donne au chef de la gendarmerie l'ordre écrit d'empêcher toute communication entre le jury et l'extérieur.

Délibération et vote du Jury.

Rentrée du jury dans la salle des délibérations.

Lecture par le chef du jury de l'instruction sur les devoirs des jurés. (Art. 342.)

Délibération du jury sur le fait principal et sur chacune des circonstances aggravantes.

Lecture des questions par le chef du jury.

Vote au scrutin secret (2)
- à la majorité, tant sur le fait principal et sur les circonstances aggravantes que sur les circonstances atténuantes ;
- le partage entraîne une solution favorable à l'accusé sur toutes les questions autres que celle des circonstances atténuantes.

Proclamation par le chef du jury des résultats du scrutin.

Renvoi
- de l'affaire à une autre session, si, l'accusé étant reconnu coupable, la cour estime qu'il y a erreur de fait (3) ;
- du jury dans la salle des délibérations, si la Cour pense que la déclaration est incomplète, incertaine ou irrégulière. — Dans ce cas, le jury peut modifier entièrement sa déclaration.

---

(1) Le chef du jury est le premier juré sorti au tirage, ou celui qui est désigné par le jury du consentement du premier sorti.

(2) Le vote a lieu par *oui* ou par *non*, sur un bulletin remis à chaque juré par le chef du jury. Il y a un scrutin spécial pour chaque question : tout bulletin blanc est réputé favorable à l'accusé. — Les bulletins sont immédiatement dépouillés et le résultat est transcrit en regard de chaque demande sans indication du nombre des voix. La déclaration du jury, en ce qui touche les circonstances atténuantes, n'est mentionnée que si elle est favorable à l'accusé. (Loi du 13 mai 1836.)

(3) La déclaration du second jury ne peut jamais motiver un nouveau renvoi, si elle est identique.

De l'examen, du jugement et de l'exécution (Suite).

3° JUGEMENT.

Rentrée de l'accusé et lecture du verdict par le greffier.

1re *hypothèse.* — L'accusé est déclaré non-coupable :

Le *président* prononce l'*acquittement* de l'accusé et ordonne qu'il soit mis en liberté s'il n'est retenu pour autre cause.

La cour prononce
{ sur les dommages-intérêts prétendus par la partie civile ;
{ sur les dommages-intérêts réclamés par l'accusé contre ses dénonciateurs que le ministère public doit lui faire connaître sur sa demande (1).

Effets de l'acquittement
{ il est irrévocablement acquis à l'accusé ;
{ au point de vue pénal, il s'oppose à toute nouvelle poursuite à raison du même fait, à moins que ce fait, joint à des éléments nouveaux, ne puisse être diversement qualifié ;
{ au point de vue de la responsabilité civile, il n'empêche pas la condamnation de l'acquitté à des réparations pécuniaires (art. 1382 du Code civil), pourvu qu'il n'y ait pas contradiction formelle entre les termes des deux sentences.

2° *hypothèse.* — L'accusé est déclaré coupable d'un fait non réprimé par la loi pénale (2) :

La *Cour* prononce l'*absolution* de l'accusé et statue sur les dommages-intérêts.

3° *hypothèse.* — L'accusé est déclaré coupable d'un fait prévu et puni par la loi pénale :

Réquisitoire du ministère public pour l'application de la peine.

Plaidoyer de la partie civile pour les dommages-intérêts réclamés.

Défense de l'accusé quant à l'application de la peine.

Délibération de la cour.

La *cour*
{ prononce la condamnation de l'accusé en appliquant la peine portée par la loi au fait déclaré constant par le jury ;
{ statue sur les dommages-intérêts réclamés par la partie civile ;
{ ordonne la restitution au propriétaire des objets saisis et pièces à conviction appartenant à la partie civile ou à des tiers ;
{ condamne l'accusé aux frais envers l'État et la partie civile.

Le président
{ lit le texte de la loi appliquée et prononce l'arrêt ;
{ prononce la dégradation spéciale de l'accusé, s'il est légionnaire ou membre de l'Université ;
{ exhorte l'accusé et l'avertit qu'il a 3 jours pour se pourvoir en cassation.

Le greffier
{ écrit la minute de l'arrêt et y insère le texte de la loi appliquée, à peine de 100 francs d'amende — l'erreur dans le texte cité n'entraîne pas nullité — la minute doit être signée dans les 24 heures ;
{ dresse un procès-verbal de la séance constatant l'observation des formes prescrites à peine de nullité, sans mentionner les réponses de l'accusé ni les dépositions des témoins.

La condamnation est exécutée
{ par les ordres du procureur général qui peut, dans ce but, requérir la force publique et les ouvriers nécessaires (Loi du 22 germinal, an IV) ;
{ dans les 24 heures qui suivent l'expiration des délais de pourvoi ou la réception de l'arrêt qui le rejette (3).

---

(1) La cour d'assises est exclusivement compétente pour y statuer, à moins que l'accusé n'ait connu ses dénonciateurs qu'après la clôture de la session. Il en est de même de la partie civile. Quant à la partie lésée qui n'aurait pas figuré au procès, elle doit s'adresser au tribunal civil.

(2) Cette circonstance peut se présenter lorsque les débats et le verdict du jury, sans nier l'existence matérielle du fait, l'ont dépouillé d'un ou plusieurs de ses éléments constitutifs, ou lorsqu'il y a eu admission d'un cas d'excuse absolutoire.

(3) Depuis 1831, aucune sentence capitale ne peut être exécutée en France sans que le chef de l'État ait été mis à même d'exercer son droit de grâce : l'accomplissement de cette formalité retarde donc de quelques jours l'exécution de l'arrêt.

APPLICATION DE LA PEINE.

La cour

examine, pour chaque fait, quelle est la peine encourue, en tenant compte des circonstances aggravantes relevées ou des excuses légales admises ;

détermine la peine encourue, à savoir :
- si elles sont de nature différente, la plus élevée dans l'échelle des peines, sans avoir égard à sa durée ;
- si elles sont de même nature, la plus longue en durée ;

augmente, s'il y a lieu, cette peine eu égard à l'état de récidive de l'accusé (ci-après, page 24) ;

s'il existe des circonstances atténuantes, abaisse la peine d'un ou de deux degrés, suivant l'appréciation des faits (ci-après, page 28) ;

inflige la peine au coupable dans les limites du minimum et du maximum ainsi déterminés.

Principe du non-cumul des peines.

Ce principe, applicable en matière criminelle et correctionnelle, et non pas aux contraventions de police, souffre exception pour les délits d'évasion de détenus et d'habitude d'usure ; il est également inapplicable à certains délits spéciaux (contributions indirectes, forêts, etc.).

Un accusé, quel que soit le nombre des crimes pour lesquels il est mis en jugement, n'est passible que d'une seule peine, à savoir, la plus forte de celles qu'il a encourues.

Corollaire : Un accusé, frappé, par des arrêts différents, de plusieurs peines pour faits concomitants (1), ne doit subir que la plus forte : si donc les juridictions successivement saisies ont omis de statuer sur le cumul ou la confusion de leurs sentences, la peine la plus forte en nature absorbe toutes les autres, et, si elles sont de même nature, leur durée s'ajoute jusqu'à concurrence du maximum le plus élevé (2).

Formation du Jury. — (Loi du 21 novembre 1872.)

Les jurés sont choisis et le jury est formé d'après les règles suivantes :

Pour être juré il faut :
- être âgé de 30 ans révolus ;
- jouir de ses droits politiques, civils et de famille ;
- n'être dans aucun cas
  - d'incapacité (condamné à trois mois de prison pour faits non politiques, à une peine quelconque pour vol, escroquerie, etc.) ;
  - d'incompatibilité (député, ministre, certains fonctionnaires, militaires, ministres de culte, serviteurs à gages, etc.).

Liste annuelle
- comprenant de 400 à 600 jurés par département (3,000 pour la Seine) ;
- formée d'après 3 listes préparatoires, une de canton, une d'arrondissement, une de département : ces listes sont dressées par des commissions respectivement présidées, par le juge de paix, par le président du tribunal d'arrondissement et par le président de la cour ou du tribunal chef-lieu d'assises.

Liste de session, composée de 36 noms tirés au sort, en audience publique, dix jours avant l'ouverture des assises.

Jury de jugement composé de 12 jurés désignés par le sort sur la liste de session — on adjoint, s'il y a lieu, un ou deux jurés suppléants : l'accusé et le ministère public peuvent récuser tels jurés qu'il leur plaît, sans donner de motifs ; ce droit n'a de limite que le nombre de 12 jurés nécessaire pour constituer le jury.

---

(1) Sont concomitants, les crimes ou délits dont la date est antérieure à celle de la 1re condamnation prononcée contre l'accusé ; cette condamnation arrête en effet la liste des faits à raison desquels l'accusé ne peut encourir que la peine la plus forte, ces faits fussent-ils inconnus de la justice au jour où elle statue.

(2) Soit un individu successivement condamné à 10 ans de réclusion et à 5 ans de travaux forcés pour faits concomitants, la peine de 5 ans de travaux forcés, plus forte en nature, absorbe les 10 ans de réclusion ; — soit un individu successivement condamné à 15 ans de travaux forcés et à 10 ans de la même peine, les deux arrêts se confondront en partie et le coupable ne subira que 20 ans de travaux forcés, maximum de durée de cette pénalité.

Pourvois en cassation (Art. 416-442).

Le pourvoi en cassation
- est recevable
  - après le jugement définitif, contre tous arrêts ou jugements ;
  - immédiatement, contre les décisions sur la compétence ;
- est formé par déclaration au greffier ;
- exige la consignation d'une amende de 150 francs, excepté pour les condamnés en matière criminelle et pour les fonctionnaires agissant au nom des administrations de l'Etat ;
- ne peut être introduit par le condamné frappé d'une peine, s'il ne s'est préalablement constitué prisonnier ;
- s'il est accueilli, entraîne le renvoi devant un autre tribunal (1).

Peuvent se pourvoir en cassation
- le condamné ;
- les personnes civilement responsables ;
- la partie civile ;
- le ministère public ;
- le procureur général près la Cour de cassation.

Nota : Ce dernier n'agit que dans l'intérêt de la loi, soit d'office, soit d'ordre du garde des sceaux : toutefois une jurisprudence constante admet les condamnés à bénéficier, s'il y a lieu, de l'annulation intervenue.

La Cour de cassation est encore appelée à régler de juges en cas de conflit de juridictions et à prononcer les renvois pour cause de sûreté publique ou de suspicion légitime.

Demande en révision (Art. 443-447).

Cas de révision
- condamnation pour homicide, suivie de la découverte d'indices tendant à établir l'existence de la prétendue victime de l'homicide ;
- condamnations inconciliables, intervenues successivement contre des individus différents pour le même crime ou délit ;
- condamnation d'un des témoins du procès pour faux témoignage contre l'accusé.

La demande doit être inscrite au ministère de la justice dans les 2 ans de la seconde condamnation.

La révision peut être demandée
- par le ministre de la justice ;
- par le condamné ;
- après la mort du condamné, par son conjoint, ses parents, ses héritiers, son mandataire posthume. (Addition de la Loi du 29 juin 1867.)

Procédure
- la cour de cassation est saisie par son procureur général, d'ordre du garde des sceaux, soit d'office, soit sur la demande des requérants ;
- suspension de l'exécution de la sentence à réviser ;
- annulation de la sentence, s'il y a lieu, avec renvoi devant une cour ou un tribunal ;
- s'il y a impossibilité de statuer contradictoirement, notamment par suite de décès, la cour de cassation juge sur pièces.

(1) L'annulation peut être *totale*, cas auquel tout doit être recommencé à compter du dernier acte nul ; ou *partielle*, lorsque, la peine n'ayant pas été régulièrement appliquée aux faits déclarés constants, l'affaire est renvoyée pour la prononciation de la peine, la déclaration de culpabilité étant maintenue.

Réhabilitation des Condamnés (Art. 619-634).

(Loi du 3 juillet 1852.)

Le condamné doit :

en matière criminelle
- avoir subi sa peine ou obtenu des lettres de grâce ;
- avoir attendu 5 ans après sa libération ;
- avoir résidé 5 ans dans le même arrondissement, et 2 ans dans la même commune ;
- justifier du paiement des frais de justice, de l'amende et des dommages-intérêts ou avoir subi la contrainte par corps ;

en matière correctionnelle, remplir les mêmes conditions, sauf réduction à 3 ans du délai de 5 années.

Procédure :
- demande au procureur de la République de l'arrondissement ;
- délivrance d'attestations sur la durée de la résidence, la conduite et les moyens d'existence ;
- avis des maires et juges de paix des résidences ;
- avis de la cour, le procureur général entendu ;
- si l'avis est favorable, envoi des pièces au ministre de la justice ;
- lettres de réhabilitation délivrées par le chef de l'Etat ;
- si l'avis de la cour est défavorable, interdiction de reproduire la demande avant deux années.

La réhabilitation
- efface pour l'avenir toutes les incapacités qui résultaient de la condamnation ;
- ne peut être accordée
  - au récidiviste de crime ;
  - à celui qui, après une première réhabilitation, est condamné de nouveau.

Prescription (Art. 635-643).

Prescription de la peine
- en matière criminelle — 20 ans, à dater des arrêts ou jugements (toutefois le condamné ne peut demeurer dans le même département que la victime ou ses héritiers) ;
- en matière correctionnelle — 5 ans
- en matière de simple police — 2 ans } à dater du jour où l'arrêt ou jugement est irrévocable.

La prescription de la peine s'oppose à ce que le condamné par défaut ou par contumace puisse purger la condamnation dont il a été l'objet.

Prescription de l'action publique
- pour crimes — 10 ans
- pour délit — 3 ans } à dater du crime ou du dernier acte d'instruction ;
- pour contravention, — 1 année, à dater de l'infraction, nonobstant tous procès-verbaux et actes non suivis de condamnation.

Lorsque l'action publique est éteinte par prescription, l'action civile ne peut lui survivre ; si au contraire il y a eu condamnation, l'action civile dure 30 années.

DEUXIÈME PARTIE

———

CODE PÉNAL

———

PROGRAMME

DISPOSITIONS PRÉLIMINAIRES — ART. 1 à 5 ;

DES PEINES ET DE LEURS EFFETS — ART. 6 à 58 ;

DES PERSONNES PUNISSABLES, RESPONSABLES, ETC. — ART. 59 à 74 ;

DES CIRCONSTANCES ATTÉNUANTES — ART. 463.

CHRONOLOGIE DU CODE PÉNAL

ET DES PRINCIPALES LOIS QUI L'ONT COMPLÉTÉ OU MODIFIÉ.

Code pénal des 12-20 février 1810, — ensemble de dispositions répressives empruntées en partie à la loi du 25 septembre 1791 et au Code du 3 brumaire an IV dit : *Code des délits et des peines.*

Loi du 28 avril 1832
- révision générale du Code pénal de 1810 avec intercalation des dispositions nouvelles dans le texte primitif ;
- suppression de la peine de mort dans 11 cas (incendie, fausse-monnaie, etc.) ;
- abolition de la marque, du carcan, de la confiscation générale, etc. ;
- correctionnalisation d'un certain nombre de crimes ;
- généralisation absolue des circonstances atténuantes.

Décret du 12 avril 1848. — Abolition de l'exposition publique.

Constitution du 4 novembre 1848 (Art. 5). — Abolition de la peine de mort en matière politique.

Loi du 8 juin 1850
- remplacement de la mort en matière politique par la déportation dans une enceinte fortifiée ;
- désignation des îles Marquises comme lieu de déportation.

Loi du 30 mai 1854
- réglant l'exécution de la peine des travaux forcés ;
- substituant au régime des bagnes celui des Colonies pénitentiaires ;
- astreignant les condamnés à une résidence soit temporaire, soit perpétuelle dans la colonie après leur libération.

Loi du 31 mai 1854, — abolissant la mort civile.

Loi du 13 mai 1863
- 2° révision du Code pénal précisant la criminalité ;
- introduction de la récidive de délit à crime ;
- modification des éléments d'un certain nombre de crimes ou délits ;
- restriction apportée au pouvoir des juges en matière de circonstances atténuantes.

Décret du 27 novembre 1870, — abrogation de la Loi de 1863 en ce qui touche les circonstances atténuantes et retour au texte de la Loi de 1832.

Loi du 23 mars 1872, — désignation de la Nouvelle-Calédonie comme lieu de déportation.

Loi du 23 janvier 1873, — répression de l'ivresse manifeste.

Loi du 25 mars 1873, — mode d'exécution de la peine de la déportation.

Loi du 26 juillet 1873, — addition à l'art. 401 du Code pénal. (Consommation d'aliments par un insolvable.)

Loi du 23 janvier 1874, — modification des art. 44 à 48 relatifs à la surveillance de la haute police.

DISPOSITIONS PRÉLIMINAIRES (ART. 1-5.)

L'infraction est appelée
- *contravention*, lorsqu'elle est passible de peines de police ;
- *délit*, lorsqu'elle est passible de peines correctionnelles ;
- *crime*, lorsqu'elle est passible de peines criminelles.

L'auteur de l'infraction est appelé
- *inculpé*, s'il s'agit d'une contravention (1);
- *prévenu*, s'il s'agit d'un délit ;
- *accusé*, s'il s'agit d'un crime.

L'infraction ou attentat comprend
- des éléments constitutifs sans la réunion desquels la culpabilité est inexistante ou incomplète (2);
- des circonstances aggravantes, ou faits dans lesquels la loi a vu une culpabilité plus grande ;
- des excuses légales, ou faits en raison desquels la culpabilité est jugée moindre ;
- des circonstances atténuantes, éléments d'atténuation abandonnés à l'appréciation des jurés.

La tentative
- de crime
  - exige deux conditions :
    - un commencement d'exécution,
    - une suspension ou un manque d'effet indépendants de la volonté de l'auteur (3) ;
  - est punissable comme le crime même (4) ;
- de délit n'est passible de la peine du délit que moyennant une disposition spéciale de la loi.

Les lois pénales
- de répression ne peuvent avoir d'effet rétroactif ;
- de procédure, d'instruction ou de compétence sont applicables rétroactivement aux infractions antérieures.

Les dispositions du Code pénal ne sont pas applicables aux infractions prévues par les Codes de Justice militaire pour l'armée de terre (Loi du 9 juin 1857), et pour l'armée de mer (Loi du 4 juin 1858).

---

(1) En outre, l'auteur de l'infraction s'appelle du nom générique d'*inculpé*, tant que l'instruction n'a pas déterminé la nature précise des charges qui pèsent sur lui.

(2) Parmi ces éléments, les uns sont purement matériels et constituent ce qu'on nomme la *matérialité* de l'infraction ; les autres sont intentionnels et en forment la *criminalité*. Ces deux éléments sont compris dans la réponse unique faite par le jury à la question : « Est-il coupable ? »

(3) Cette dernière condition n'est pas requise en matière d'attentat à la pudeur, puisque, aux termes des art. 331 et 332 du Code pénal, l'attentat est commis, qu'il ait été consommé ou seulement tenté. (Cass., 4 août 1853.)

(4) A l'exception de la tentative d'avortement qui, eu égard aux difficultés de la preuve, a été dispensée de toute répression dans l'art. 317 du Code pénal.

LIVRE PREMIER.

DES PEINES ET DE LEURS EFFETS (ART. 6-11.)

Échelle générale des peines (1). — Tableau récapitulatif.

			ECHELLE DE DROIT COMMUN.	ECHELLE POLITIQUE.
Peines criminelles	afflictives et infamantes		Mort ;	»
			Travaux forcés à perpétuité ;	»
			....	Déportation ;
			Travaux forcés à temps ;	»
			....	Détention ;
			Réclusion ;	»
	infamantes		....	Bannissement ;
			....	Dégradation civique.

Peines correctionnelles { emprisonnement de 6 jours à 5 ans (2) ; amende de 16 francs au moins.

Peines de police { emprisonnement de 5 jours au plus ; amende de 1 à 15 francs.

Peines accessoires {
dégradation civique } conséquences obligées de certaines peines criminelles ;
interdiction *légale* } minelles ;
surveillance de la haute police, applicable en matière criminelle et correctionnelle ;
confiscation *spéciale* (3) du corps du délit ou de ce qui a servi à le commettre ;
interdiction *temporaire* des droits civiques, civils et de famille, applicable en matière correctionnelle seulement ;
amende applicable accessoirement en matière criminelle, correctionnelle et de police.

(1) Cette échelle a été établie de façon à faire ressortir la nature politique ou commune de chacune des peines criminelles. Cette distinction est de la plus grande importance, puisque l'aggravation résultant de la récidive et la diminution produite par les circonstances atténuantes sont calculées précisément en tenant compte de l'espèce de la pénalité primitivement encourue.

(2) Toutefois, en cas de récidive, l'emprisonnement peut s'élever jusqu'à 10 ans. (Voir ci-après, page 24.)

(3) La confiscation générale a été abolie par la Charte de 1830 et par la loi du 28 avril 1832.

Peines afflictives et infamantes (ART. 12-34.)

Mort
- exécutée
  - par décapitation publique (1) ;
  - au lieu indiqué par l'arrêt de condamnation ;
- inexécutable
  - les jours de fêtes nationales ou religieuses, ni les dimanches ;
  - contre une femme enceinte jusqu'à sa délivrance ;
- supplice auquel le parricide est conduit en chemise, nu-pieds et la tête couverte d'un voile noir (2) ;
- avec faculté pour la famille de réclamer le corps du supplicié, à charge de le faire inhumer sans aucun appareil.

Travaux forcés
(Loi du 30 mai 1854, dite de transportation) (3)
- soit à perpétuité ;
- soit à temps pour une durée de 5 à 20 ans, avec faculté de les élever à 40 ans, en cas de récidive ;
- subis dans les Colonies pénitentiaires (Guyane et Nouvelle-Calédonie) ;
- entraînant
  - s'ils sont prononcés pour moins de 7 ans, l'obligation de résider dans la Colonie un temps égal à la durée de la condamnation ;
  - au delà de 7 ans, l'obligation d'une résidence perpétuelle dans la Colonie ;
- consistant dans un emploi à des travaux de colonisation, avec possibilité pour le condamné de jouir de certains droits et de devenir concessionnaire de terrains ;
- applicables aux femmes et aux filles ;
- remplacés pour les sexagénaires par la réclusion perpétuelle ou temporaire.

Déportation
- dans une enceinte fortifiée
  - remplaçant, en matière politique, la peine de mort abolie le 4 novembre 1848 (Loi du 8 juin 1850) ;
  - subie à la presqu'île Ducos (Nouvelle-Calédonie). (Loi du 23 mars 1872) ;
- simple
  - applicable dans les cas où elle était édictée par le Code pénal,
  - subie à l'île des Pins (Nouvelle-Calédonie) (Loi du 23 mars 1872) ;
- n'entraînant pas pour le déporté l'obligation directe du travail (4) ;
- astreignant le déporté à la compétence des juridictions militaires ;
- entraînant la condamnation aux travaux forcés à perpétuité pour le déporté arrêté sur le territoire.

Détention
- prononcée pour une durée de 5 à 20 ans ;
- pouvant être élevée à 40 ans en cas de récidive ;
- subie dans une enceinte militaire (Corte, Sainte-Marguerite, Belle-Ile-en-mer) ;
- laissant au détentionnaire une certaine liberté de communication.

Réclusion
- prononcée pour une durée de 5 à 10 ans ;
- subie dans une maison de force ;
- entraînant l'obligation du travail.

Interdiction légale,
- mesure accessoire destinée à empêcher le condamné de jouir de ses biens, tout en sauvegardant ses intérêts ;
- conséquence de toute peine afflictive et infamante temporaire (travaux forcés à temps, détention, réclusion) ;
- durant autant que le cours de la peine ;
- dessaisissant le condamné de l'administration de ses biens et entraînant la nomination d'un tuteur et d'un subrogé-tuteur.

---

(1) Les criminalistes modernes réclament que l'exécution ait lieu en présence de notables et d'autorités, mais dans l'intérieur d'une prison.
(2) La mutilation du poignet a été supprimée par la loi du 28 avril 1832.
(3) Ne pas confondre avec la transportation par mesure administrative, édictée par le Décret du 8 décembre 1851 contre les membres des sociétés secrètes et les surveillés de la haute police, dispositions abrogées par le Décret du 24 octobre 1870.
(4) L'obligation du travail résulte indirectement pour le déporté de ce fait qu'il n'a pas la jouissance de ses biens personnels, et que l'administration n'est tenue de lui fournir que des instruments de travail et des moyens d'établissement.

Peines infamantes (Art. 32-36).

Bannissement
- prononcé pour 5 ans au moins et 10 ans au plus;
- consistant dans l'expulsion hors du territoire français;
- entraînant pour le banni arrêté sur le territoire une détention égale au moins et double au plus de la durée de la peine restant à expier.

Dégradation civique (toujours perpétuelle)
- accompagnée, lorsqu'elle est peine principale, d'un emprisonnement de 5 ans au plus;
- consistant dans
  - la destitution et l'exclusion de toute fonction publique
  - la privation des droits politiques;
  - l'incapacité d'être juré, expert ni témoin en justice;
  - la privation des droits de famille;
  - l'exclusion de l'armée et de l'enseignement;
- conséquence obligatoire et perpétuelle de toute peine afflictive ou infamante (travaux forcés à temps, détention, réclusion et bannissement).

Peines correctionnelles (Art. 40 et 41.)

Emprisonnement
- encouru pour une durée de 6 jours à 5 ans, suivant la gravité du délit;
- pouvant être élevé jusqu'à 10 ans, en cas de récidive;
- entraînant l'obligation du travail;
- subi
  - lorsqu'il est inférieur à une année, dans les prisons départementales (1);
  - lorsqu'il excède une année, au choix du condamné,
    - soit dans une maison centrale;
    - soit dans un établissement cellulaire — dans ce cas, la durée de la peine est réduite d'un tiers. (Loi du 5 juin 1875.)

Amende
- de 16 francs au moins;
- dont le maximum, variable suivant les délits, peut s'élever indéfiniment dans certains cas (2);
- recouvrable sur tous les biens du condamné par la voie de la contrainte par corps (Loi du 23 décembre 1871);
- primée, en cas d'insuffisance des biens du condamné, par les restitutions et dommages-intérêts. (Art. 54.)

L'amende est parfois une peine principale, mais, le plus souvent, une peine accessoire : elle joue principalement le premier rôle en matière de contravention de simple police.

---

(1) Aux termes de la Loi du 5 juin 1875, ces prisons doivent être transformées, au fur et à mesure des crédits disponibles, en établissements cellulaires.

(2) L'abus de confiance, notamment, est puni de l'emprisonnement et d'une amende qui peut s'élever au quart des restitutions et dommages-intérêts dus aux parties lésées. — Art. 406.

Peines accessoires (1) (ART. 42-55.)

Interdiction temporaire de certains droits
- peine accessoire prononcée pour 5 ans au moins et 10 ans au plus et subie après l'expiration de l'emprisonnement ;
- consistant dans la privation des droits civils, civiques et de famille ;
- ne pouvant être infligée qu'en vertu d'une disposition expresse de la loi.

NOTA : Si l'on rapproche le texte des art. 34 et 42, on voit que l'interdiction est une dégradation civique *temporaire* et *incomplète ;* elle ne peut, en effet, excéder 10 années, et elle n'exclut pas, de plein droit, des offices (charge de notaire, d'avoué, etc.), de l'enseignement ni de l'armée, et elle ne prive pas, par elle-même, le condamné de toute décoration (2).

Surveillance de la haute police (Loi du 23 janv. 1874)

infligée
- obligatoirement : aux coupables de crime ou délit intéressant la sûreté de l'Etat ; en cas de récidive de délit (Art. 57 et 58) ;
- facultativement, en vertu d'une disposition spéciale de la loi ;

subie à l'expiration de la peine principale ;

encourue de plein droit, pour 20 ans,
- par tout condamné ayant obtenu commutation d'une peine perpétuelle à moins de dispense expresse ;
- par tout condamné aux travaux forcés à temps, à la détention et à la réclusion, à moins qu'il n'en soit partiellement ou totalement dispensé par l'arrêt de condamnation (3) ;
- pour un temps égal à la durée de sa peine, pour le condamné au bannissement, sauf réduction ou dispense comme ci-dessus (3) ;

ayant pour effets

le droit
- pour le gouvernement : d'interdire certains lieux au condamné ; de fixer la résidence du condamné qui n'en a pas fait choix 15 jours avant son élargissement ;
- pour le condamné : de choisir sa résidence ; de changer de résidence tous les 6 mois à la seule condition de prévenir le maire 8 jours d'avance ;

l'obligation pour le condamné
- de suivre, en cas de déplacement, l'itinéraire de sa feuille de route ;
- de se présenter à la gendarmerie dans les 8 jours de son arrivée ;
- de ne pas s'absenter, sans autorisation, sous peine d'un emprisonnement de 5 ans au plus (rupture de ban) ;

pouvant être remise par voie de grâce ou suspendue par mesure administrative. (Voir Décret du 30 août 1875.)

NOTA : Antérieurement à la Loi du 23 janvier 1874, la surveillance de la haute police était la conséquence obligatoire et perpétuelle de toute peine criminelle ; en outre, considérée comme une mesure administrative et non pas comme une peine, elle n'était pas remise par voie de grâce : le condamné n'y échappait que par la réhabilitation.

Contrainte par corps applicable
- au recouvrement des restitutions et dommages-intérêts (Loi du 22 juillet 1867) ;
- au recouvrement de l'amende et des frais de justice (Loi du 23 décembre 1871) ;
- pour 2 jours au moins et 2 ans au plus, suivant la quotité de la dette. (Loi du 22 juillet 1867, art. 8.)

Solidarité des complices et co-auteurs d'un crime ou d'un délit | elle existe de plein droit et n'a pas besoin d'être prononcée. (Cass., 26 août 1813.)

---

(1) Voir ci-dessus, page 22, l'observation consignée à propos de l'amende.

(2) Cette remarque n'a point trait à l'exercice du pouvoir disciplinaire en vertu duquel l'officier ministériel peut être destitué par sa compagnie, et le décoré, privé de toute décoration sur l'avis du Conseil de la Légion d'honneur : quant à l'exclusion de l'armée, elle ne résulte d'une condamnation correctionnelle que si l'emprisonnement infligé excède deux années et a été simultanément accompagné de surveillance de la haute police et d'interdiction. (Loi du 27 juillet 1872, art. 7.)

(3) La cour doit délibérer sur ce point, à peine de nullité partielle de l'arrêt qui ne ferait pas mention de cette délibération spéciale. Toutefois, si la nullité n'a pas été invoquée en temps utile, le condamné est de plein droit sous la surveillance pour 20 années.

Des peines de la récidive (Art. 56-58.)

Récidive
{
- état légal et permanent résultant d'une condamnation antérieure (1) passée force de chose jugée;
- reposant sur la présomption d'une plus grande perversité ;
- entraînant forcément une aggravation de criminalité et, par suite, de peine (
}

NATURE DE LA 1ʳᵉ INFRACTION	NATURE DE LA 1ʳᵉ PÉNALITÉ PRONONCÉE	PÉNALITÉ ENCOURUE POUR LA SECONDE INFRACTION	PÉNALITÉ AGGRAVÉE PAR L'EFFET DE LA RÉCIDIVE
Crime	Peine afflictive ou infamante autre que les travaux forcés à perpétuité :	dégradation civique	bannissement
		bannissement.............	détention.
		réclusion	travaux forcés à temps.
		détention de 5 à 20 ans.....	détention de 20 à 40 ans.
		travaux forcés de 5 à 20 ans	travaux forcés de 20 à 40 an
		déportation	travaux forcés à perpétuité
		travaux forcés à perpétuité..	pas d'aggravation.
Délit	trav. forc. à perp. peine correctionnelle	travaux forcés à perpétuité..	mort.
		peine criminelle...........	pas d'aggravation.
Crime (art. 57) Délit (art. 58)	peine correctionnelle (3) supérieure à un an de prison,	peine correctionnelle pour crime ou délit,	maximum de la peine enco rue, avec faculté de l'élev jusqu'au double — adjon tion obligatoire de la su veillance de la haute poli pour 5 à 10 ans.

REMARQUE : La récidive de crime à crime élève la peine d'un degré en tenant compte de sa natu politique ou de droit commun (comparez avec l'échelle générale des peines, page 20) : toutefois, ava de monter jusqu'aux peines perpétuelles de la déportation et des travaux forcés à vie, on a établi échelon intermédiaire spécial à la récidive et consistant dans la détention et les travaux forcés à tem élevés à 20 ans au moins et à 40 ans au plus.

L'évasion, par sa nature spéciale, échappe à l'aggravation de la récidive. (Cass., 14 avril 1864.)

Lorsqu'un récidiviste est condamné avec circonstances atténuantes, le juge doit détermine d'abord la peine encourue à raison de la récidive, puis la modifier suivant les distinction de nature et de quotité autorisées par l'art. 463. (Cass., 4 juin 1869 et 14 juillet 1871.)

---

(1) Lorsqu'un individu commet successivement plusieurs délits, il y a *réitération ;* il n'y a *récidive*, c'est-à dire, aggravation de criminalité, que si, dans l'intervalle, entre le 1ᵉʳ et le 2ᵉ délit, le coupable a été averti pa une condamnation. La récidive ne peut résulter d'une condamnation prononcée pour crime ou délit purement mil taire ou maritime.

(2) Il y a nullité de l'arrêt qui omet d'avoir égard à l'état de récidive de l'accusé : en cela, la récidive diffèr précisément des circonstances aggravantes qui ne peuvent être mises à la charge de l'accusé que par une décla ration spéciale du verdict.

(3) La récidive de crime correctionnalisé à délit ou à crime correctionnalisé a été établie par la Loi du 13 mai 186

LIVRE DEUXIÈME.

DES PERSONNES PUNISSABLES, EXCUSABLES ET RESPONSABLES.

Des complices (ART. 59-63.)

Les principes de la complicité sont applicables en toute matière criminelle ou délictueuse, à moins que la loi n'en ait autrement ordonné : il en est différemment en cas de contravention.

Chacun des éléments constitutifs de la complicité doit être constaté dans les questions soumises au jury.

Les complices

encourent, en principe, la même peine que les auteurs du crime ou délit ;

peuvent être, en fait, frappés d'une peine plus faible ou plus forte que l'auteur principal (circonstances atténuantes) ;

par recel, n'encourent

jamais la peine de mort qui est remplacée, à leur égard, par les travaux forcés à perpétuité (Loi du 28 avril 1832) ;

les travaux forcés à perpétuité ou la déportation que s'ils ont eu connaissance des circonstances entraînant la mort ou une peine perpétuelle contre les auteurs principaux ; sinon, ils ne sont passibles que des travaux forcés à temps ;

proprement dits sont de 3 sortes :

par instigation

les auteurs de provocations par dons, menaces, artifices, etc. (1) ;

ceux qui donnent des instructions pour commettre le crime ;

par aide et assistance

ceux qui procurent les armes, instruments ou moyens, sachant qu'ils doivent servir à la perpétration d'un crime ou délit ;

ceux qui aident ou assistent l'auteur principal dans la préparation ou la consommation de l'action ;

par recel, ceux qui détiennent des choses détournées ou enlevées, en en connaissant la provenance criminelle ou délictueuse ;

les recéleurs peuvent être punis alors même que les auteurs principaux sont inconnus. (Cass., 25 février 1843 et 4 mai 1848.)

Sont punis comme complices ceux qui, sciemment, fournissent habituellement à des brigands, logement, lieu de retraite ou de réunion.

NOTA : Les complices proprement dits sont complices d'un ou plusieurs faits ; les logeurs et aubergistes sont complices des malfaiteurs, c'est-à-dire de tous les méfaits qu'ils ont pu commettre.

---

(1) Sous réserve des peines spéciales portées contre les instigateurs de crimes politiques

Absence de culpabilité. — Excuses légales (Art. 65.)

Absence de culpabilité
- démence au temps de l'action;
- contrainte irrésistible ;
- nécessité actuelle de la légitime défense de soi-même ou d'autrui ;
- défense contre l'escalade ou l'effraction nocturne d'une habitation ;
- défense contre les auteurs de vols ou de pillages commis avec violence.

NOTA : Ces cas ne doivent pas être soumis au jury sous forme de question distincte ; les jurés y répondent en déclarant l'accusé oui ou non *coupable*.

Excuses légales (1) :

Exemption de peine
- sédition sans armes et sans opposer de résistance (art. 100) ;
- complots politiques suivis de dénonciation ou d'arrestation des complices (art. 108) ;
- attentats à la liberté individuelle ou aux droits civiques d'un ou plusieurs citoyens, commis par ordre de supérieurs hiérarchiques (art. 114) ;
- actes contraires à la constitution commis par des ministres dont la signature a été surprise (art. 116) ;
- émission de fausses pièces de monnaies reçues pour bonnes et non vérifiées (art. 135) ;
- faux monnayeurs ayant dénoncé leurs complices ou procuré leur arrestation (art. 138) ;
- usage inconscient de monnaies, billets, écrits falsifiés (art. 163) ;
- abus d'autorité commis par ordre de supérieurs hiérarchiques (art. 190) ;
- rébellion sans armes et sans opposer de résistance (art. 213) ;
- dépôt à un hospice d'un enfant au-dessous de 7 ans, effectué par un tiers qui n'était pas tenu de pourvoir à l'entretien de l'enfant (art. 348) ;
- rapt suivi d'un mariage non annulé (art. 357) ;
- soustractions entre maris et femmes, entre ascendants et descendants (art. 380).

Atténuation de peine
- conducteurs et gardiens condamnés pour négligence ayant occasionné une évasion — leur peine cesse lorsque les évadés sont arrêtés dans les 4 mois sans avoir commis d'autre délit (art. 247) ;
- vendeurs, distributeurs, etc., d'écrits ou d'images, ayant révélé l'imprimeur, l'auteur, etc. (art. 284-288) ;
- meurtres, blessures et coups provoqués par coups et violences graves art. 321) ;
- mêmes délits commis en repoussant de jour l'escalade ou l'effraction d'une habitation (art. 322) ;
- meurtre de l'épouse adultère et de son complice surpris en flagrant délit dans la maison conjugale (art. 324) ;
- castration immédiatement provoquée par un outrage violent à la pudeur (art. 325) ;
- séquestration suivie de mise en liberté volontaire dans les 10 jours (art. 343);
- pillages en bandes commis sur provocations ou sollicitations (art. 441).

---

(1) On nomme *excuses légales* certains faits précis desquels la Loi fait résulter une exemption ou une atténuation de peine ; elles sont appelées, dans le premier cas, *excuses absolutoires* et, dans le second, *excuses atténuantes :* dans les deux cas, l'excuse légale diffère des circonstances atténuantes en ce qu'elle est taxativement prévue par la Loi, tandis que les autres sont entièrement laissées à la discrétion du jury ; chaque excuse proposée doit faire l'objet d'une question distincte (voir page 12) ; ses conséquences sont limitées étroitement. (Voir l'art. 326.)

Modification de la peine en raison de l'âge du coupable (Art. 66-72.)

Le mineur âgé de moins de 16 ans

- s'il a agi sans discernement, est acquitté
  - et remis à ses parents s'ils le réclament et s'ils présentent les garanties suffisantes ;
  - et, à défaut de parents, envoyé dans une maison de correction pour un temps ne pouvant excéder sa 20ᵉ année (1) ;

- s'il a agi avec discernement, est condamné
  - au lieu de la mort, des travaux forcés à perpétuité ou de la déportation } à un emprisonnement de 10 à 20 ans (2);
  - au lieu des travaux forcés à temps, de la détention ou de la réclusion { à un emprisonnement du tiers à la moitié de la durée de ces peines (2);
  - au lieu du bannissement ou de la dégradation civique { à un emprisonnement de 1 à 5 ans (2);
  - en cas de délit, à une peine ne pouvant excéder la moitié de celle qu'il encourrait s'il avait plus de 16 ans ;

- est traduit
  - devant la cour d'assises { s'il a des complices âgés de plus de 16 ans ; si son crime est passible de la mort, des travaux forcés à perpétuité, de la déportation ou de la détention ;
  - devant le tribunal correctionnel dans tous les autres cas.

Le septuagénaire, — passible de la déportation, est condamné à la détention à perpétuité.

Le sexagénaire, — passible des travaux forcés à perpétuité ou à temps, est condamné à la réclusion, soit à perpétuité, soit à temps (3).

Responsabilité civile (Art. 73, 74.)

La responsabilité civile

- est déterminée par les cours et tribunaux saisis de l'affaire ;
- est arbitrée conformément aux art. 1382 à 1384 du Code civil;
- est appliquée aux aubergistes et hôteliers qui logent les criminels plus de 24 heures sans inscrire sur leur registre le nom, la profession et le domicile de l'individu.

(1) La détention correctionnelle n'est pas une peine, puisque celui qui y est astreint est préalablement acquitté ; c'est une mesure de protection par laquelle l'administration se charge de l'éducation de l'enfant au défaut de sa famille : aussi une sentence de cette nature ne peut servir de base à la récidive ; elle cesse non par voie de grâce, mais par simple décision ministérielle, dès que l'enfant est réclamé par quelqu'un qui présente les garanties suffisantes.

(2) Cet emprisonnement est subi dans une maison de jeunes détenus ; dans les deux premiers cas, il peut être accompagné de 5 à 10 ans de surveillance.

(3) Cette disposition, applicable aux femmes, a été introduite par la loi du 30 mai 1854.

CIRCONSTANCES ATTÉNUANTES (Art. 463.)

Les circonstances atténuantes (1)

- peuvent être déclarées en toute matière criminelle, même en cas de récidive ;
- sont applicables, en matière correctionnelle, à tous les délits prévus par le Code pénal et aux délits réprimés par les lois spéciales, seulement lorsqu'elles ont autorisé le recours à l'art. 463 du Code pénal ;
- sont constatées par une déclaration non motivée (voir ci-devant, page 12)
- sont laissées à l'appréciation et à la conscience du jury.

Effet des circonstances atténuantes (2).

PÉNALITÉ ÉDICTÉE CONTRE LE CRIME OU DÉLIT	PÉNALITÉ MITIGÉE PAR L'EFFET DES CIRCONSTANCES ATTÉNUANTES
Mort............................	travaux forcés à perpétuité ; travaux forcés à temps.
Travaux forcés à perpétuité.......	travaux forcés à temps ; réclusion.
Déportation dans une enceinte fortifiée.........................	déportation simple (seule applicable dans le cas des art. 96 et 97) ; détention.
Déportation simple.............,,.	détention ; bannissement.
Travaux forcés à temps..........	réclusion ; emprisonnement de 2 à 5 ans, avec adjonction facultative de surveillance et d'interdiction.
Réclusion, détention, bannissement et dégradation civique..........	emprisonnement de 1 à 5 ans avec même adjonction.
Emprisonnement (3)..............	réductible jusqu'à 1 jour ; remplaçable par l'amende.
Amende.......................	réductible jusqu'à 1 franc.
Maximum d'une peine afflictive (voir récidive, page 24)........	minimum de cette peine ; peine inférieure.

(1) M. Ortolan fait remarquer que les circonstances atténuantes ont été généralisées par la Loi de 1832, pour épargner au législateur une refonte absolue du Code pénal dans le sens d'un adoucissement de peine réclamé par l'opinion publique.

(2) Si l'on se réfère à l'échelle des peines (page 20), on voit que la pénalité descend d'un ou de deux degrés en tenant compte de la nature, politique ou non, de la peine.

(3) Antérieurement à cette prescription reproduite de la loi du 28 avril 1832 par le Décret du 27 novembre 1870, la Loi du 13 mai 1863 avait créé un échelon intermédiaire ne permettant pas aux juges d'abaisser la peine au-dessous de 6 jours de prison et de 15 francs d'amende, lorsque le minimum était supérieur à une année.

TABLE ALPHABÉTIQUE DES CRIMES & DÉLITS

PRÉVUS

AU LIVRE III DU CODE PÉNAL (Art. 75 à 462)

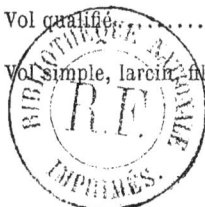

Bar-le-Duc. — Typographie des Célestins. — Bertrand.

Bar-le-Duc — Typographie BERTRAND

www.ingramcontent.com/pod-product-compliance
Lightning Source LLC
Chambersburg PA
CBHW070713210326
41520CB00016B/4320